D1701278

4

# Dein persönliches Indianerhoroskop

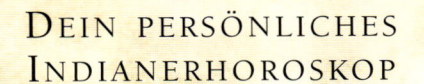

# EULE

Kenneth Meadows

Illustrationen von Jo Donegan

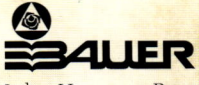

Verlag Hermann Bauer
Freiburg im Breisgau

Die Deutsche Bibliothek – CIP-Einheitsaufnahme

Ein Titeldatensatz für diese Publikation ist bei
Der Deutschen Bibliothek erhältlich

Die amerikanische Originalausgabe erschien 1998 by Dorling Kindersley Limited,
London, unter dem Titel *The Little Library of Earth Medicine*
© Text: 1998 Kenneth Meadows

*Konzeptentwicklung*: GLS Editorial and Design, London
*Redaktion*: Jane Laing
*Design*: Ruth Shane, Luke Herriott
*Lektorat*: Claire Calman, Terry Burrows, Victoria Sorzano
*Illustrationen* S. 16, 17, 31: Roy Flooks; S. 38: John Lawrence
*Fotoaufnahmen*: Mark Hamilton
*Fotos* S. 8/9, 12, 14/15, 32: American Natural History Museum

Deutsch von Maria Müller, München
Lektorat: Sylvia Schaible

1. Auflage 2000
ISBN 3-7626-0776-1
© 2000 by Verlag Hermann Bauer GmbH & Co. KG, Freiburg i. Br.
Das gesamte Werk ist im Rahmen des Urheberrechtsgesetzes geschützt. Jegliche vom Verlag nicht genehmigte Verwertung ist unzulässig. Dies gilt auch für die Verbreitung durch Film, Funk, Fernsehen, photomechanische Wiedergabe, Tonträger jeder Art, elektronische Medien sowie für auszugsweisen Nachdruck.
Satz: Fotosetzerei Scheydecker, Freiburg i. Br.
Druck und Bindung: L. Rex Printing Company Ltd., China
Printed in China

# INHALT

Einführung in die Erd-Medizin 8
Das Medizinrad 10
Die zwölf Geburtszeiten 12
Die Bedeutung der Totems 14
Die zwölf Geburtstotems 16
Der Einfluss der Himmelsrichtungen 18
Der Einfluss der Elemente 20
Der Einfluss des Mondes 22
Der Einfluss des Energieflusses 24

## Die Eule 25

Jahreszeit der Geburt: Zeit der langen Nächte 26
Das Geburtstotem: Die Eule 28
Die Eule und Beziehungen 30
Das Richtungstotem: Der Grizzlybär 32
Das Elementtotem: Der Habicht 34
Stein-Affinität: Obsidian 36
Baum-Affinität: Geissblatt 38
Farb-Affinität: Gold 40
Die Arbeit mit dem Medizinrad: Der Lebensweg 42
Die Arbeit mit dem Medizinrad: Die Macht der Medizin 44

# EINFÜHRUNG
# ERD-MEDIZIN

DIE INDIANER NORDAMERIKAS VERSTEHEN UNTER MEDIZIN KEINE ÄUSSERE SUBSTANZ, SONDERN EINE INNERE KRAFT – SOWOHL IN DER NATUR ALS AUCH IN JEDEM MENSCHEN.

Die Erd-Medizin ist eine einzigartige Methode zur Erstellung eines Persönlichkeitsprofils. Sie beruht auf dem indianischen Verständnis des Universums und den Prinzipien des heiligen Medizinrades.

Die Indianer Nordamerikas glaubten, daß der Geist – wenn auch unsichtbar – die Natur durchdringt, und so war ihnen die ganze Natur heilig. Tiere betrachteten sie als Boten des Geistes. Sie erschienen ihnen auch in Wachträumen und übermittelten Macht und Stärke – die »Medizin«. Wer solche Träume empfing, erwies der Tierart, die ihm erschienen war, seine Ehrerbietung, indem er auf zeremoniellen und Gebrauchsgegenständen ihr Abbild wiedergab.

### Die Schamanenrassel
*Schamanen verbanden sich mit Hilfe von Rasseln mit ihrem inneren Geist – hier die Rassel eines Tlingit-Schamanen.*

## DIE NATUR IM MENSCHEN

Die indianischen Schamanen – die weisen Männer des Stammes – erkannten Ähnlichkeiten zwischen den Naturkräften, die in einer bestimmten Jahreszeit

**»Der Geist hat dir die Möglichkeit geschenkt, in der Schule der Natur zu lernen.«** *Lehre der Stoney*

vorherrschten, und den Menschen, die in dieser Zeit geboren wurden. Zudem entdeckten sie, wie die Persönlichkeit von den vier Mondphasen beeinflußt wird, und zwar sowohl bei der Geburt als auch im Laufe des weiteren Lebens. Auch der ständige Wechsel im Energiefluß von Aktiv zu Passiv wirkt sich auf den Menschen aus. Diese Weltsicht ist die Grundlage der Erd-Medizin; mit ihrer Hilfe können wir erkennen, wie die Dynamik der Natur in uns wirkt und wie wir unsere angeborenen, als Potential bereits vorhandenen Stärken entwickeln können.

## MEDIZINRÄDER

In den kulturellen Traditionen der Indianer gab es eine Reihe von kreisförmigen Symbolbildern und -objekten. Diese heiligen Kreise wurden Medizinräder genannt – wegen ihrer Ähnlichkeit mit den Speichenrädern der Wagen, die die Siedler ins Herz des Landes brachten, das einst Eigentum der Ureinwohner war. Jedes Medizinrad zeigte die Verbindung zwischen unterschiedlichen Objekten oder Eigenschaften innerhalb eines größeren Ganzen und die Bewegung der verschiedenen Kräfte und Energien darin.

Ein Medizinrad könnte man als das »Meisterrad« betrachten, denn es wies auf das Gleichgewicht der Natur und den besten Weg hin, in Harmonie mit dem Universum und mit sich selbst zu gelangen. Auf diesem Meisterrad baut auch die Erd-Medizin auf (s. S. 10–11).

**Tierornament**
*Für die Anasazi, die dieses Ornament schnitzten, war der Frosch ein Symbol für Anpassungsfähigkeit.*

**Festtagsschale**
*Stilisierte Bären-Schnitzereien schmücken diese Festtagsschale der Tlingit. Bei den Indianern galt der Bär als Symbol für Stärke und Selbständigkeit.*

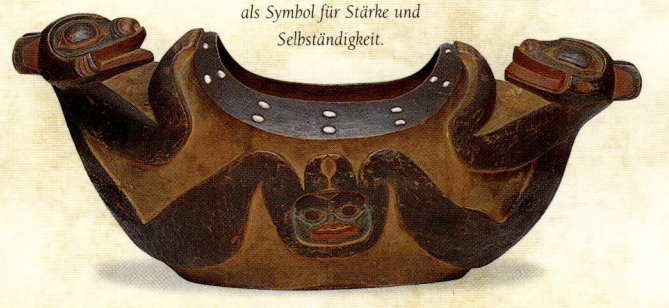

# DAS MEDIZINRAD

*Das äußere Rad ist in zwölf Geburtszeiten aufgeteilt. Jede hat ihr eigenes Tiertotem und eine Affinität zu einem ganz bestimmten Stein, einem Baum und zu einer Farbe. An der Nabe des Rades liegt – umgeben von Darstellungen der Elemente, der Himmelsrichtungen und des Energieflusses – das Wakan-Tanka, das Symbol der unsichtbaren Energien, die in der physischen Realität Gestalt annehmen.*

**Jahreszeit der Geburt**
Jeder der zwölf Abschnitte des Rades steht in Bezug zu einer bestimmten Zeit des Jahres (s. S. 12–13).

**Wakan-Tanka**
Mit diesem mächtigen Symbol stellen manche Stämme Energie dar, die Form annimmt (s. S. 24).

**OSTEN: FRÜHLING**

**Stein-Affinität**
*Jeder Geburtszeit entspricht ein bestimmter Stein (s. S. 14–15).*

**Baum-Affinität**
*Jede Geburtszeit hat einen Bezug zu einer bestimmten Baumart (s. S. 14–15).*

**Geburtstotem**
*Jede Geburtszeit wird durch ein Tiertotem verkörpert (s. S. 16–17).*

**Richtungstotem**
*Jede Geburtszeit steht unter dem Einfluß einer der vier Himmelsrichtungen (s. S. 18–19).*

**Grundelement**
*Jede Geburtszeit wird grundlegend von einem der vier Elemente beeinflußt (s. S. 20–21).*

**Energiefluß**
*In jeder Geburtszeit fließt Energie im Wechsel zwischen Aktiv und Rezeptiv (s. S. 24).*

**Elementaspekt**
*Jede Geburtszeit hat ihren eigenen Elementaspekt (s. S. 20–21).*

**SÜDEN: SOMMER**

FALKE · BIBER · HIRSCH · SPECHT · LACHS · BRAUNBÄR

# DIE ZWÖLF GEBURTSZEITEN

DIE STRUKTUR DES MEDIZINRADES BAUT AUF DEN JAHRESZEITEN AUF UND SPIEGELT SO DEN MÄCHTIGEN EINFLUSS DER NATUR AUF DIE PERSÖNLICHKEIT DES MENSCHEN WIDER.

Das Medizinrad unterteilt die menschliche Natur in zwölf Persönlichkeitstypen; jeder Typ entspricht der Natur zu einer bestimmten Zeit des Jahres. Das Medizinrad ist eine Art Landkarte, mit deren Hilfe wir unsere Stärken und Schwächen, unsere inneren Triebe, instinktiven Verhaltensweisen und auch unser wahres Potential entdecken können.

Grundlage dieser Struktur sind die vier Jahreszeiten, unterteilt durch Winter- und Sommersonnenwende sowie Frühlings- und Herbst-Tagundnachtgleiche. Jede Jahreszeit steht als Metapher für eine Phase der menschlichen Entwicklung. Der Frühling ähnelt der Kindheit, dem neuen Leben. Der Sommer entspricht der Überschwenglichkeit der Jugend und dem raschen Wachstum. Der Herbst wiederum steht für die Fülle und Erfüllung des reifen Lebens als Erwachsener, während der Winter die angesammelte Weisheit symbolisiert, auf die wir später im Leben zurückgreifen können.

Jede der vier Jahreszeiten im Medizinrad wird wiederum in drei Perioden unterteilt, so daß insgesamt zwölf Abschnitte entstehen. Die Zeit der Geburt bestimmt die Richtung, aus der wir das Leben wahrnehmen, und die Eigenschaften

**Jahreszeiten-Riten**
*Bei der Zeremonie zur Wintersonnenwende trugen die Irokesen Masken aus geflochtenen Maishülsen. Sie stimmten sich im Tanz auf die Energien ein, die für eine gute Ernte sorgen sollten.*

## DIE ZWÖLF ZEITABSCHNITTE

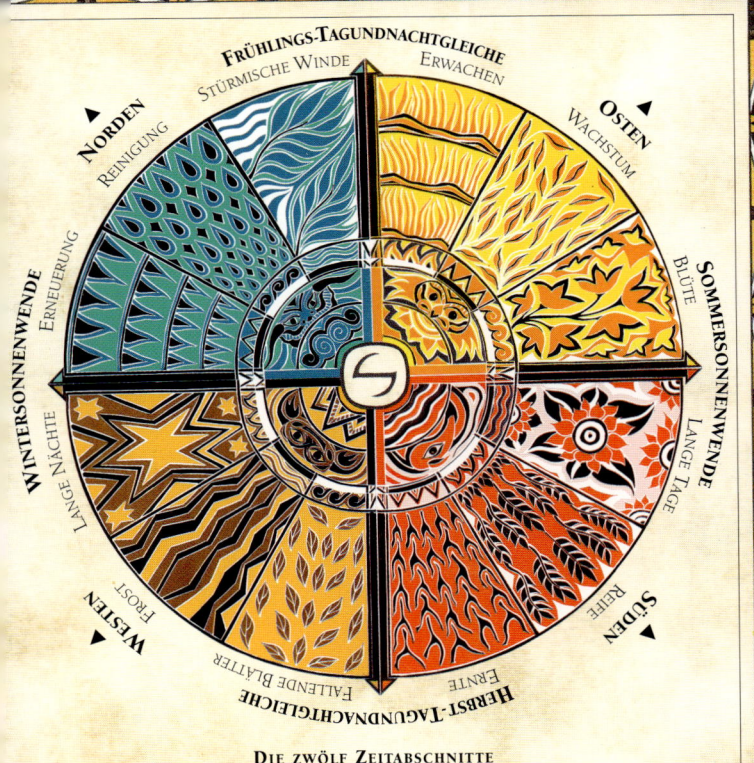

der Natur in dieser Jahreszeit spiegeln sich in der Kernpersönlichkeit wider.

Jeder der zwölf Zeitabschnitte – oder jede Geburtszeit – wird nach einer Eigenschaft, einem besonderen Kennzeichen des Jahreszyklus benannt. So heißt etwa die Zeit nach der Frühlings-Tagundnachtgleiche Zeit des Erwachens, denn jetzt ist neues Wachstum angesagt; die Zeit nach der Herbst-Tagundnachtgleiche verdankt ihren Namen den fallenden Blättern, die für sie so charakteristisch sind.

# DIE BEDEUTUNG DER TOTEMS

DIE INDIANER NORDAMERIKAS GLAUBTEN, DASS TOTEMS
– ALSO TIERSYMBOLE – ESSENTIELLE WAHRHEITEN UND DIE
VERBINDUNG ZU DEN KRÄFTEN DER NATUR VERKÖRPERN.

Ein Totem ist ein Tier bzw. ein natürliches Objekt, das wie ein Emblem bestimmte typische Eigenschaften verkörpert. Für die Indianer waren Tiere, deren Verhalten vorhersehbar ist, besonders hilfreich für die Kategorisierung von menschlichen Verhaltensmustern.

Ein Totem spiegelt bestimmte Aspekte der Persönlichkeit wider und ist ein Schlüssel zum intuitiven Wissen, das jenseits allen intellektuellen Denkvermögens liegt. Ein Totem kann geschnitzt oder auf andere Art gestaltet sein, ein Bildnis oder z.B. ein Stück Fell, eine Feder, ein Knochen, ein Zahn oder eine Klaue. Es dient als unmittelbare Verbindung zu den Energien, für die es steht. Deshalb ist ein Totem wirksamer als etwa eine Skulptur oder ein Symbol, um die nicht-physischen Mächte und gestaltenden Kräfte zu verstehen.

## HAUPTTOTEMS

In der Erd-Medizin gibt es drei Haupttotems: ein Geburtstotem, ein Richtungstotem und ein Elementtotem. Das *Geburtstotem* verkörpert die Grundeigenschaften eines Menschen; sie entsprechen den dominanten Aspekten der Natur zur Zeit seiner Geburt.

Alle zwölf Geburtstotems, die sich jeweils auf eine bestimmte Geburts-

### Symbol der Stärke

*In den Griff dieses Messers der Tlingit sind der Kopf eines Raben und eines Bären geschnitzt, Symbole der Einsicht und Stärke.*

zeit beziehen, werden auf den Seiten 16–17 beschrieben.

Mit dem *Richtungstotem* stimmen wir uns auf die inneren Sinne ein, die über die Hauptantriebskraft unserer Bemühungen bestimmen. Jede der vier Jahreszeiten auf dem Medizinrad entspricht einer der vier Himmelsrichtungen, und jede Himmelsrichtung wird wiederum durch ein Totem verkörpert. So wird z.B. der Frühling mit dem Osten gleichgesetzt, wo die Sonne aufgeht. Er steht für eine neue Sicht der Dinge; sein Totem ist der Adler. Die vier Richtungstotems werden auf den Seiten 18–19 erläutert.

Das *Elementtotem* steht in einem Bezug zu instinktiven Verhaltensweisen. Die Grundeigenschaften der vier Elemente – Feuer, Wasser, Erde und Luft – sowie ihre Totems werden auf den Seiten 20–21 ausführlich erklärt.

**Siegertotem**
*Häuptlinge oder Krieger der Fox-Indianer trugen ein Halsband aus Bärenklauen.*

## DREI AFFINITÄTEN

Jede Geburtszeit hat außerdem eine Affinität zu einem bestimmten Stein, einem Baum und einer Farbe (s. S. 36–41). Über diese drei Affinitäten läßt sich in schwierigen Zeiten neue Kraft schöpfen.

»Wenn ein Mensch Erfolg haben will, sollte er sich nicht von seinen Neigungen leiten lassen, sondern von seinem Wissen um das Wesen der Tiere...« *Lehre der Teton-Sioux*

# DIE ZWÖLF
# GEBURTSTOTEMS

JEDE DER ZWÖLF GEBURTSZEITEN WIRD DURCH EIN TOTEM VERKÖRPERT – DURCH EIN TIER, DAS DIE FÜR SIE TYPISCHEN EIGENSCHAFTEN AM BESTEN ZUM AUSDRUCK BRINGT.

Die Erd-Medizin verbindet mit jeder Geburtszeit ein Totem. Jeder Abschnitt umfaßt zwei Zeitspannen – für die nördliche und die südliche Hemisphäre. Diese Totemtiere unterstützen die Verbindung zu den jeweiligen Kräften und Fähigkeiten, für die sie stehen. Eine detaillierte Beschreibung des Eulen-Geburtstotems findet sich auf den Seiten 28–29.

## FALKE
**21. März – 19. April (N. Hem.)**
**22. Sept. – 22. Okt. (S. Hem.)**

Falken ergreifen gern die Initiative, sind aber mit ihren Entschlüssen oft etwas voreilig, so daß sie sie später bedauern. Sie sind lebhaft und extrovertiert und lassen sich leicht für neue Erfahrungen begeistern, aber manchmal fehlt es ihnen an Durchhaltevermögen.

## HIRSCH
**21. Mai – 20. Juni (N. Hem.)**
**23. Nov. – 21. Dez. (S. Hem.)**

Der Hirsch ist bereit, das Alte dem Neuen zu opfern. Er verabscheut jegliche Routine, blüht auf bei Abwechslung und Herausforderungen. Hirsche haben auch eine wilde Seite, sie sind sprunghaft und stürzen sich oft unüberlegt von einer Sache oder Beziehung in die nächste.

## BIBER
**20. April – 20. Mai (N. Hem.)**
**23. Okt. – 22. Nov. (S. Hem.)**

Biber sind praktisch veranlagt und beständig, zudem ziemlich ausdauernd und beharrlich. Sie sind gut im Haushalt, voller Wärme und Zärtlichkeit, brauchen jedoch Harmonie und Frieden, um nicht reizbar zu werden.
Sie haben einen stark ausgeprägten Sinn für Ästhetik.

## SPECHT
**21. Juni – 21. Juli (N. Hem.)**
**22. Dez. – 19. Jan. (S. Hem.)**

Mit ihrer Emotionalität und Sensibilität bringen Spechte ihnen nahestehenden Menschen viel Wärme entgegen, stellen auch bereitwillig ihre Bedürfnisse gegenüber deren Wünschen zurück. Sie haben eine lebhafte Phantasie, neigen aber auch dazu, sich zu viele Sorgen zu machen.

## LACHS

**22. Juli – 21. August (N. Hem.)**
**20. Jan. – 18. Febr. (S. Hem.)**

Lachs-Geborene sind begeisterungsfähig und voller Selbstvertrauen. Sie haben gern das Sagen, sind kompromißlos und voller Kraft; manchmal wirken sie ein wenig arrogant oder nehmen sich selbst zu wichtig. Wenn sie sich vernachlässigt fühlen, sind sie schnell verletzt.

## BRAUNBÄR

**22. Aug. – 21. Sept. (N. Hem.)**
**19. Febr. – 20. März (S. Hem.)**

Braunbären sind hart arbeitende, praktisch veranlagte und selbstbewußte Menschen. Wandel und Veränderung mögen sie nicht besonders; sie halten sich lieber an Altbekanntes und Vertrautes. Braunbär-Geborene bringen gern Dinge in Ordnung; sie sind gutmütig und gute Freunde.

## KRÄHE

**22. Sept. – 22. Okt. (N. Hem.)**
**21. März – 19. April (S. Hem.)**

Krähen sind nicht gern allein, sondern fühlen sich in Gesellschaft am wohlsten. Normalerweise sind sie gutmütige und angenehme Zeitgenossen, doch in einer negativen Atmosphäre werden sie leicht kratzbürstig und trübselig.

## SCHLANGE

**23. Okt. – 22. Nov. (N. Hem.)**
**20. April – 20. Mai (S. Hem.)**

Im Zeichen der Schlange Geborene sind verschlossene, mysteriöse Menschen, die ihre Gefühle hinter einem kühlen Äußeren verbergen. Dank ihrer Anpassungsfähigkeit, Entschlußkraft und Phantasie kommen sie auch in schwierigen Lebenssituationen immer wieder auf die Beine.

## EULE

**23. Nov. – 21. Dez. (N. Hem.)**
**21. Mai – 20. Juni (S. Hem.)**

Eulen haben ein starkes Bedürfnis, sich frei auszudrücken. Sie sind lebhafte Menschen voller Selbstvertrauen und haben einen guten Blick fürs Detail. Sie sind wißbegierig und anpassungsfähig, neigen aber auch dazu, sich selbst zu überfordern. Oft sind Eulen-Menschen auch sehr mutig.

## GANS

**22. Dez. – 19. Jan. (N. Hem.)**
**21. Juni – 21. Juli (S. Hem.)**

Gans-Menschen sind Idealisten mit Weitblick und bereit, das Unbekannte zu erforschen. Sie gehen das Leben mit Enthusiasmus an, entschlossen, ihre Träume zu verwirklichen. Gans-Geborene haben einen Hang zum Perfektionismus und wirken manchmal gar zu ernsthaft.

## OTTER

**20. Jan. – 18. Febr. (N. Hem.)**
**22. Juli – 21. Aug. (S. Hem.)**

Otter-Geborene sind freundliche, lebhafte und einfühlsame Menschen. Durch zu viele Regeln und Vorschriften fühlen sie sich behindert; deshalb machen sie oft einen etwas exzentrischen Eindruck. Sie schätzen Sauberkeit und Ordnung und haben originelle Ideen.

## WOLF

**19. Febr. – 20. März (N. Hem.)**
**22. Aug. – 21. Sept. (S. Hem.)**

Wolf-Menschen sind sensibel, intuitiv und künstlerisch veranlagt; an sie wendet man sich gern, wenn man Hilfe braucht. Sie schätzen die Freiheit und ihren Freiraum, lassen sich aber leicht von anderen beeinflussen. Sie haben eine philosophische Ader, sind vertrauensvoll und aufrichtig.

# DER EINFLUSS DER
# HIMMELSRICHTUNGEN

**DER EINFLUSS DER VIER HIMMELSRICHTUNGEN – VON DEN INDIANERN NORDAMERIKAS AUCH DIE VIER WINDE GENANNT – WIRD ÜBER INNERE EMPFINDUNGEN WAHRGENOMMEN.**

Die vier Himmelsrichtungen, die »Hüter« bzw. »Behüter« des Universums, wurden von den Indianern auch als die vier Winde bezeichnet, da ihre Präsenz eher gespürt als gesehen werden kann.

## RICHTUNGSTOTEMS

In der Erd-Medizin ist jeder Himmelsrichtung bzw. jedem Wind eine Jahreszeit und eine Tageszeit zugeordnet. Die herbstlichen Geburtszeiten – die Zeit der Fallenden Blätter, des Frostes und der Langen Nächte – gehören alle zum Westen und zum Abend. Die Himmelsrichtung der Geburtszeit beeinflußt die Natur der inneren Empfindungen.

Der Osten ist die Himmelsrichtung des Frühlings und des Morgens; er wird mit Licht und Erleuchtung assoziiert. Sein Totem ist der Adler – ein Vogel, der hoch zur Sonne aufsteigt und aus der Höhe alles klar sehen kann.

Der Süden ist die Himmelsrichtung des Sommers und des Nachmittags. Er steht in einem Bezug zu Wachstum und Erfüllung, Fließendem und Emotionen. Sein Totem, die Maus, gilt als Symbol für

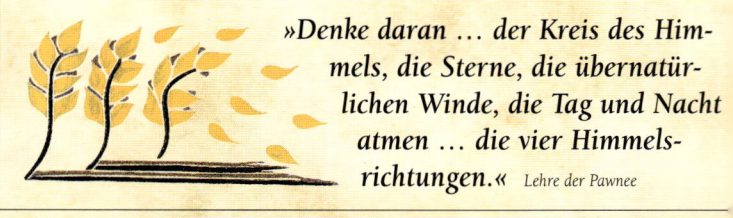

> »Denke daran … der Kreis des Himmels, die Sterne, die übernatürlichen Winde, die Tag und Nacht atmen … die vier Himmelsrichtungen.« *Lehre der Pawnee*

## Die vier Himmelsrichtungen

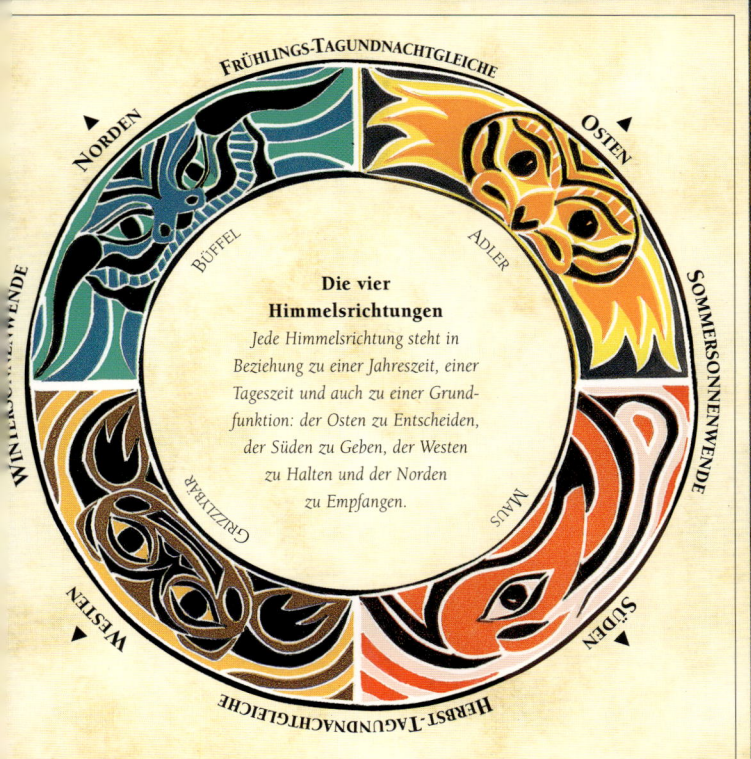

*Jede Himmelsrichtung steht in Beziehung zu einer Jahreszeit, einer Tageszeit und auch zu einer Grundfunktion: der Osten zu Entscheiden, der Süden zu Geben, der Westen zu Halten und der Norden zu Empfangen.*

Fruchtbarkeit, Gefühle und für die Gabe der detaillierten Wahrnehmung.

Der Westen ist die Himmelsrichtung des Herbstes und des Abends. Er steht für Transformation – vom Tag zur Nacht, vom Sommer zum Winter – und die Fähigkeit zur Innenschau, zum Bewahren und Erhalten. Das Totem des Westens ist der Grizzlybär, der innere Kraft verkörpert.

Der Norden schließlich ist die Himmelsrichtung des Winters und der Nacht; er entspricht dem Geist und geistiger »Nahrung« – also Wissen. Sein Totem ist der von den Indianern hoch verehrte Büffel.

# DER EINFLUSS DER
# ELEMENTE

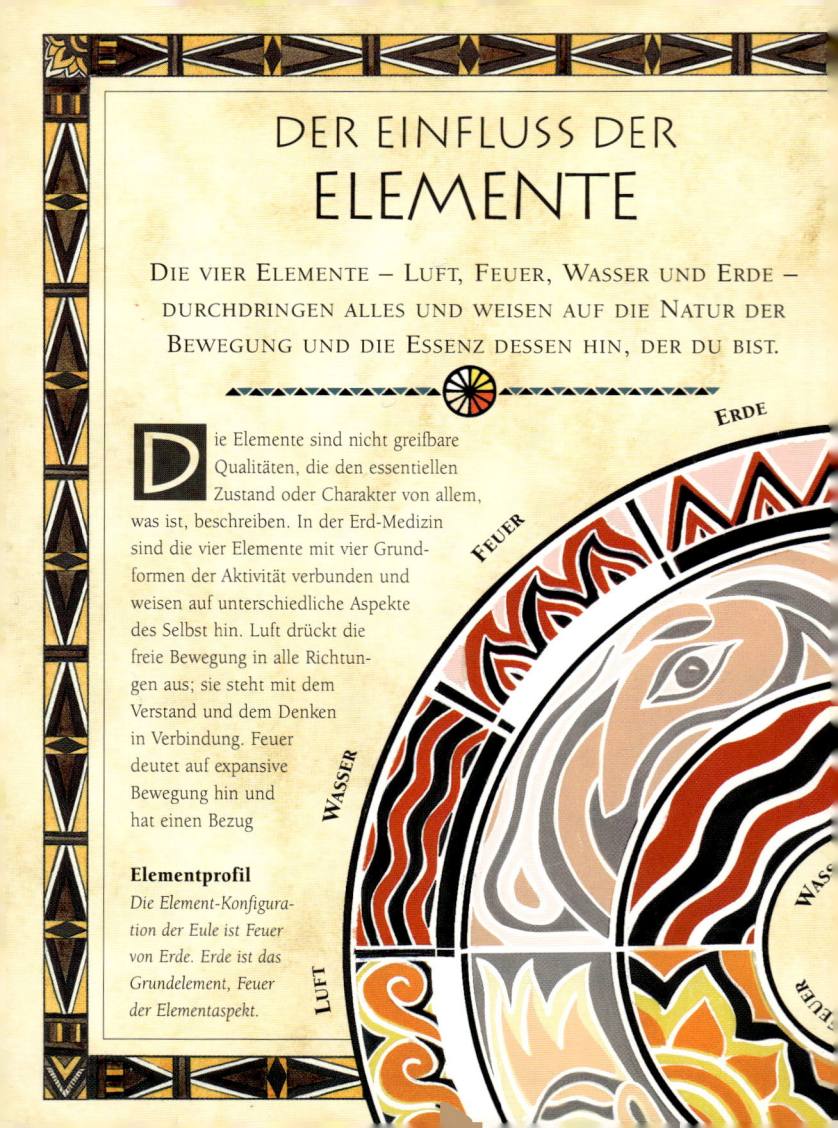

DIE VIER ELEMENTE – LUFT, FEUER, WASSER UND ERDE –
DURCHDRINGEN ALLES UND WEISEN AUF DIE NATUR DER
BEWEGUNG UND DIE ESSENZ DESSEN HIN, DER DU BIST.

Die Elemente sind nicht greifbare Qualitäten, die den essentiellen Zustand oder Charakter von allem, was ist, beschreiben. In der Erd-Medizin sind die vier Elemente mit vier Grundformen der Aktivität verbunden und weisen auf unterschiedliche Aspekte des Selbst hin. Luft drückt die freie Bewegung in alle Richtungen aus; sie steht mit dem Verstand und dem Denken in Verbindung. Feuer deutet auf expansive Bewegung hin und hat einen Bezug

**Elementprofil**
*Die Element-Konfiguration der Eule ist Feuer von Erde. Erde ist das Grundelement, Feuer der Elementaspekt.*

zur geistigen Ebene und zur Intuition. Wasser bedeutet Fließen; es steht mit der Seele und den Emotionen in Beziehung. Die Erde schließlich symbolisiert Stabilität und entspricht dem physischen Körper und den Empfindungen.

## ZUORDNUNG DER ELEMENTE

Auf dem Medizinrad steht jedes Element für eine Himmelsrichtung – Feuer im Osten, Erde im Westen, Luft im Norden und Wasser im Süden. Dies sind die vier Grundelemente. Dann gibt es noch die Elementaspekte, nämlich die Verbindung der vier Elemente mit den zwölf einzelnen Geburtszeiten. Sie folgen im Medizinrad zyklisch aufeinander, Grundlage ist die Einwirkung der Sonne (Feuer) auf die Erde, woraus Atmosphäre (Luft) und Kondensation (Wasser) entstehen.

Die drei Geburtszeiten, die einen Elementaspekt gemeinsam haben, gehören der gleichen Elemente-Familie bzw. einem »Klan« an und haben ein Totem, das die wesentlichen Eigenschaften aufzeigt. Eulen-Geborene gehören zum Habicht-Klan (s. S. 34–35).

## ELEMENTBETONUNG

Bei jeder Geburtszeit dominieren normalerweise die Eigenschaften des Elementaspektes diejenigen des Grundelementes, obgleich beide zu der ganz speziellen Konfiguration beitragen (für die Eule s. S. 34–35). Bei Falke, Specht und Otter sind das Grundelement und der Elementaspekt identisch (z. B. Luft von Luft); Menschen mit diesen Totems verleihen ihrem Element einen sehr intensiven Ausdruck.

# DER EINFLUSS DES MONDES

DER ZU- UND ABNEHMENDE MOND WÄHREND DER VIER
MONDPHASEN WIRKT ENTSCHEIDEND AUF DIE PERSÖNLICH-
KEITSBILDUNG UND DAS STREBEN DES MENSCHEN EIN.

Für die Indianer zeigten Sonne und Mond die aktiven bzw. rezeptiven, also empfangenden Energien in der Natur (s. S. 24) an. Mit ihrer Hilfe wurde auch die Zeit »gemessen«. Der Einfluß der Sonne wurde mit bewußter Aktivität, mit Verstand und Willenskraft in Verbindung gebracht; der Einfluß des Mondes stand für unbewußte Aktivität und für die emotionalen und intuitiven Aspekte der menschlichen Natur.

**Der zunehmende Mond**
*Diese Mondphase dauert ungefähr elf Tage an.
Sie leitet eine Zeit des Wachstums ein und
ist somit ideal für das Entwickeln neuer Ideen
und die Konzentration auf neue Projekte.*

**Der Vollmond**
*In der Vollmondphase – ungefähr drei Tage –
erreicht die Kraft des Mondes ihren Höhepunkt.
Jetzt kann das, was in der zunehmenden
Mondphase entwickelt wurde, vollendet werden.*

## DIE VIER MONDPHASEN

Der 29tägige Mondzyklus ist in vier Phasen unterteilt. Jede Phase ist Ausdruck einer bestimmten Form von Energie, vergleichbar mit den Wachstumsphasen einer Blütenpflanze im Lauf der Jahreszeiten: knospen (zunehmender Mond), volle Blüte (Vollmond), verwelken (abnehmender Mond) und keimen (Neumond). Der Einfluß dieser Phasen macht sich in der Entwicklung der Persönlichkeit, aber auch im Alltag bemerkbar.

Die Energie des Mondes zum Zeitpunkt der Geburt wirkt sich stark auf die Persönlichkeit aus. So sind beispielsweise Menschen, die bei Neumond geboren wurden, eher introvertiert, während Vollmond-Geborene sich im allgemeinen stärker nach außen orientieren. Wer bei zunehmendem Mond geboren wurde, ist eher extrovertiert, wer bei abnehmendem Mond zur Welt kam, dagegen eher reserviert und zurückhaltend. Mit Hilfe einer Mondtabelle kann jeder seinen persönlichen Mondstand am Tag der Geburt herausfinden.

Auch auf den Alltag kann sich eine harmonische Einstimmung auf die Mondphasen sehr positiv auswirken. Durch bewußtes Arbeiten mit den vier Phasen lassen sich die jeweiligen Energien erfahren. Die Abbildungen und Texte unten beschreiben eine indianische Sichtweise der Auswirkungen der vier Phasen des Mondes auf das Leben des Menschen.

**Der abnehmende Mond**

*Dies ist die Zeit für Veränderungen. Diese Phase – etwa elf Tage – eignet sich gut für Verbesserungen, Umstellungen und um unnötigen Ballast abzuwerfen.*

**Der Neumond**

*Ungefähr vier Tage lang ist der Mond vom Himmel verschwunden. Dies ist die Zeit für kontemplative Betrachtung des Erreichten und für das Keimen von Neuem.*

# DER EINFLUSS DES ENERGIEFLUSSES

## DAS MEDIZINRAD SPIEGELT DAS VOLLKOMMENE GLEICHGEWICHT DER AKTIVEN UND REZEPTIVEN ENERGIEN WIDER, DIE EINANDER IN DER NATUR ERGÄNZEN.

Energie durchfließt die Natur auf zwei komplementäre Arten, die man als aktiv und rezeptiv bzw. männlich und weiblich bezeichnen kann. Das aktive Energieprinzip hat einen Bezug zu den Elementen Feuer und Luft, das rezeptive Prinzip zu Wasser und Erde.

Bei allen zwölf Geburtszeiten ist eine aktive oder rezeptive Energie mit dem jeweiligen Elementaspekt verbunden. Die beiden Energieprinzipien wechseln einander auf dem Medizinrad ab und schaffen so ein Gleichgewicht von aktiven und rezeptiven Energien, wie es auch in der Natur besteht.

Aktive Energie entspricht der Sonne und bewußtem Handeln. Unter diesem Prinzip geborene Menschen streben nach Erfahrung. Sie sind begrifflich orientiert, tatkräftig, extrovertiert, praktisch veranlagt und denken analytisch. Die rezeptive Energie wird mit dem Mond in Verbindung gebracht sowie mit unbewußtem Handeln. Solche Menschen lassen Erfahrungen lieber auf sich zukommen. Sie sind intuitiv, nachdenklich und emotional veranlagt, wollen umsorgen und bewahren.

## DAS WAKAN-TANKA

Im Herzen des Medizinrades liegt in einem Kreis die S-Form, das Symbol für die Quelle, die allem Leben spendet, was auch immer eine physische Form annimmt – scheinbar aus dem Nichts. Die Prärie-Indianer Nordamerikas nannten es Wakan-Tanka – die Große Macht. Diese Kraft läßt sich auch als Energie verstehen, die Form annimmt, oder als Form, die wieder zu Energie wird – im unendlichen Fluß des Lebens.

# DIE EULE

## DEIN PERSÖNLICHKEITS-PROFIL

## JAHRESZEIT DER GEBURT
# ZEIT DER LANGEN NÄCHTE

In der dritten Geburtszeit verleihen die alles durchdringenden Winde des Herbstes den jetzt geborenen Menschen ihre geistige Klarheit und Freiheitsliebe.

Die Zeit der Langen Nächte gehört zu den zwölf Geburtszeiten, die das Jahr in zwölf Jahreszeiten-Abschnitte unterteilen (s. S. 12–13). In dieser dritten Periode des Herbstzyklus sind die Nächte am längsten, und die Kraft der Sonne erreicht ihren Tiefpunkt. Die Luft ist frisch, und der kühle Wind kündigt oft schon die ersten Schneegestöber an.

Wie die kühle Luft die Atmosphäre klärt und reinigt, verfügen die Menschen dieser Geburtszeit über einen guten Blick fürs Detail und gedankliche Klarheit. So können sie ihre Chancen voll nutzen, selbst wenn einmal Verwirrung herrscht, und langfristige Ziele ins Auge fassen. Wie die kalten Winde dieser Jahreszeit lieben sie ihre Bewegungs- und Ausdrucksfreiheit und nehmen jede Einschränkung übel.

## Einfluss der Natur

Die charakteristischen Eigenschaften der Natur zu diesem Zeitpunkt zeigen sich auch in der Natur des Menschen, der in dieser Zeit das Licht der Welt erblickt.

In dieser Zeit des Jahres sind die dunklen Nächte weit länger als die Tage; auch Eulen-Geborene fühlen sich zu allem Verborgenen und Geheimnisvollen hingezogen. Mit ihrer stark ausgeprägten

Intuition erkennen sie die Wahrheit oft lang vor allen anderen. Ihre Affinität zur Dunkelheit spiegelt sich auch darin wider, daß sie sich von Menschen und Situationen lieber zurückziehen, wenn sie ihre Freiheit bedroht sehen.

## LEBENSPHASE

Diese Zeit des Jahres entspricht der Reife gegen Ende des mittleren Lebensabschnitts. Entwicklungsgeschichtlich führt in dieser Zeit die aus der Lebenserfahrung gewonnene Weisheit zu wahrer Individualität und zu einem besseren Verständnis komplexer oder in anderer Weise schwer erfaßbarer Sachverhalte.

## SEIN POTENTIAL VERWIRKLICHEN

Eulen-Menschen mit ihrem lebhaften Verstand und ihrem zuversichtlichen, unabhängigen Geist haben eine kraftvolle Natur – sie wollen alles erforschen. Wach und neugierig, wie sie sind, haben sie vielerlei Interessen und setzen sich oft für neue Arbeitsweisen ein. Sie vertrauen ihren Ideen und diskutieren gern ausführlich darüber. Meist wirken sie mit ihrer direkten Art erfrischend und auf-

**Die Energie der Natur**

*Mit dieser letzten Geburtszeit vor der Wintersonnenwende geht der Herbst zu Ende. Kalte, schneidende Winde klären die Luft; jetzt kommt die Zeit der kürzesten Tage des Jahres.*

richtig; dennoch sollten sie nicht vergessen, daß zu große Offenheit andere Menschen, die sich weniger zutrauen als sie selbst, auch leicht verletzen kann.

Die Freiheit, sie selbst zu sein, geht Eulen-Menschen über alles; das sollte jedoch nicht zu egoistischem und unsensiblem Verhalten anderen gegenüber führen. Auch vor schwierigen Situationen und lästigen Verpflichtungen sollten sie nicht einfach davonlaufen.

»*Das Leben ist ein Kreis von Kindheit zu Kindheit; so ist es mit allem, in dem Kraft fließt.*« Lehre des Black Elk

# DAS GEBURTSTOTEM
# DIE EULE

**Das Wesen und das charakteristische Verhalten der Eule sind Ausdruck der Persönlichkeit von Menschen, die in der Zeit der Langen Nächte geboren werden.**

Wie ihr Totemtier, die Eule, sind Menschen, die in der Zeit der Langen Nächte geboren werden, neugierig, intuitiv und gute Beobachter. Ihr forschender Geist und ihre extrovertierte Natur suchen nach Freiheit und Abenteuer, um sich voll entfalten zu können.

Mit ihrer Unabhängigkeit und ihrem guten Wahrnehmungsvermögen brauchen sie Bewegungs- und Ausdrucksfreiheit, um ihrer lebhaften, fröhlichen Veranlagung und ihrer Wißbegier gerecht zu werden. Einschränkungen mögen sie gar nicht, große Gesten um so lieber. Damit geraten sie manchmal in Versuchung, Verantwortung auszuweichen oder unsensibel ihre Meinung kundzutun.

Mit ihrem klaren Denken, ihrem Auge fürs Detail und ihrer forschenden Haltung dem Leben gegenüber können Eulen-Geborene neue Blickwinkel entdecken und innovative Arbeitsweisen entwickeln. Andere lassen sich schnell von ihrer Zuversicht und ihrer Begeisterung mitreißen. Eulen-Menschen legen großen Wert auf Ehrlichkeit und Integrität und lieben es, Geheimnisse aufzudecken.

## GESUNDHEIT

Dank ihrer mutigen, oft auch übermütigen Natur lieben Eulen-Menschen gefährliche Sportarten; am Risiko können sie sich berauschen. Das macht sie anfällig für Erschöpfungszustände und Verletzungen, vor allem an ihren Schwachpunkten – der Hüfte und den Oberschenkeln. Außerdem müssen sie aufpassen, daß sie nicht zuviel essen und trinken, denn das wirkt sich schädlich auf ihren Gesamtzustand, besonders aber auf Leber und Herz aus.

### Eulen-Stärke

*Mit ihrer Wachsamkeit und ihrem guten Wahrnehmungsvermögen verkörpert die Eule auch die unabhängige und neugierige Seite der abenteuerlustigen Eulen-Geborenen.*

# DIE EULE UND BEZIEHUNGEN

DIE LEBHAFTEN UND EXTRAVAGANTEN EULEN-MENSCHEN SIND OFT SEHR BELIEBT. SIE SIND WARMHERZIGE UND AUFREGENDE PARTNER, WERDEN ABER NUR UNGERN SESSHAFT.

Wie ihr Totem-Tier gelten die nachdenklichen Eulen-Geborenen als weise. Sie werden wegen ihres guten Wahrnehmungsvermögens und ihrer Einsicht geschätzt. Andere lassen sich von ihrem Pioniergeist gern mitreißen – sowohl im Berufs- als auch im Privatleben. Ihre Verwegenheit kann sie allerdings auch verantwortungslos erscheinen lassen, worauf andere dann mit Vorsicht reagieren. Eulen-Menschen sind manchmal auch taktlos; sie sollten ihre Offenheit mit Einfühlungsvermögen und Mitgefühl verbinden.

## LIEBESBEZIEHUNGEN

Eulen-Menschen brauchen zwar Nähe, fühlen sich aber nicht gern angebunden und lassen sich deshalb oft lange nicht auf eine Partnerschaft ein. Der Eulen-Mann fiebert nach Aufregung; die Eulen-Frau ist eine hingebungsvolle Partnerin, wenn sie erst einmal den Richtigen gefunden hat. Beide flirten gern und haben eine romantische Ader; sie brauchen ein aufregendes Liebesleben.

Die Ursache von Problemen liegt oft darin, daß sie schnell rebellieren, wenn sie sich eingeengt fühlen. Sie lassen sich nicht gern wirklich ein, und das kann den Partner verunsichern. Sie sollten ihm zeigen, daß ihr Freiheitsbedürfnis kein Zeichen für fehlende Zuneigung ist.

## UMGANG MIT DER EULE

Eulen-Menschen lassen sich nicht so leicht beeinflussen; wer sie auf seine Seite ziehen will, sollte sich seiner Sache sicher sein. Zeit für sich selbst ist für sie so wichtig wie die Luft zum Atmen; ein plötzlicher Rückzug bedeutet also keine persönliche Zurückweisung. Am besten läßt man ihnen viel Freiraum – wer sie zu sehr festhält, verliert sie bestimmt.

# DIE EULE UND DIE LIEBE

**Eule und Falke:** Das kann eine warme und erfüllende Beziehung werden, wenn jeder der beiden die Individualität des anderen respektiert.

**Eule und Biber:** Der Biber kann mehr Spaß in das Leben der Eule bringen, doch wenn er sie zu sehr erdrückt, könnte sie aus dem gemeinsamen Nest flüchten.

**Eule und Hirsch:** Die Sexualität des Hirsches kann die Eule in einer dauerhaften Beziehung halten. Beide können sich an die Bedürfnisse des anderen anpassen.

**Eule und Specht:** Die Eule ist von der fürsorglichen Wärme des Spechtes angetan, fühlt sich jedoch eingesperrt, wenn der Specht besitzergreifend wird.

**Eule und Lachs:** Diese beiden haben die Entschlossenheit und Leidenschaft gemeinsam, ihre gegenseitigen Bedürfnisse zu erfüllen und neue Erfahrungen zu machen.

**Eule und Braunbär:** Eine stabile Verbindung, die nicht von sexueller Intimität abhängt, aber immer wieder voller Überraschungen stecken kann.

**Eule und Krähe:** Wenn beide sich einlassen, ohne sich eingeschränkt zu fühlen, können sie aus dem Partner das Beste herausholen.

**Eule und Schlange:** Trotz der anfänglichen Anziehung braucht es für eine dauerhafte Beziehung Geduld und Kompromißbereitschaft.

**Eule und Eule:** Diese Beziehung wird wohl nie langweilig, denn sie verspricht viele Anregungen. Schwierig wird höchstens der Alltag.

**Eule und Gans:** Die Gans sehnt sich nach Liebe, aber die Eule will sich nicht so recht darauf einlassen – vor allem nicht auf jemanden, der so einschränkend sein kann.

**Eule und Otter:** Eine temperamentvolle und doch angenehme Beziehung, in der beide die Phantasien des anderen teilen können.

**Eule und Wolf:** Die Aufopferungsbereitschaft des Wolfes scheint im Widerspruch zu stehen zur Art der Eule, die tun will, was ihr paßt. Doch beide sind Romantiker und können es so schaffen, den Funken am Glühen zu halten.

# DAS RICHTUNGSTOTEM
# DER GRIZZLYBÄR

DER GRIZZLYBÄR SYMBOLISIERT DEN EINFLUSS DES WESTENS
AUF EULEN-GEBORENE, DIE MIT IHREM KLAREN VERSTAND
UND INNERER STÄRKE IHRE ZIELE ERREICHEN.

Die Zeit der Fallenden Blätter, des Frostes und der Langen Nächte liegen auf dem Medizinrad alle in dem Viertel, das dem Westen bzw. dem Westwind zugeordnet ist.

Der Westen entspricht dem Herbst und der Abenddämmerung. Er hat einen Bezug zu Innenschau, Reife und zu der Weisheit, die aus der Erfahrung hervorgeht. Die Kraft des Westens wirkt sich vorwiegend auf die physische Ebene aus; es ist vor allem die Kraft des Haltens. Sein Totem ist der selbständige Grizzlybär.

Der besondere Einfluß des Westens auf Eulen-Menschen zeigt sich in ihrer klaren Entschlossenheit, die ihnen den Umgang mit Veränderungen erleichtert und sie Ausdrucksmöglichkeiten für ihre

**Grizzlybär-Schale**
*Diese Holzschale der Tlingit wurde in Form eines Bären geschnitzt, der innere Stärke verkörpert.*

Kreativität finden läßt. Der schneidende Westwind setzt ihr ganzes Potential frei und verstärkt ihre Fähigkeit, anderen Weisheit zu vermitteln.

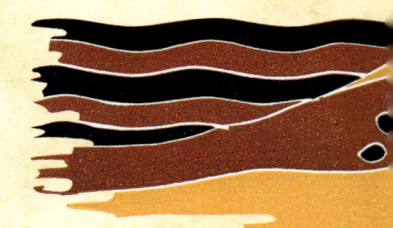

## GRIZZLY-EIGENSCHAFTEN

Der mächtige Grizzlybär bereitet sich im Herbst sorgfältig auf den Winterschlaf vor; er baut seine inneren Kraftressourcen auf, damit er im Frühling wieder erwacht. So wurde er für die Indianer zum Symbol für innere Kraft und Selbstvertrauen. Der Grizzlybär galt als seiner selbst gewahr, denn er schien seine Handlungen wohl zu überlegen. Als Totemtier ermuntert er uns, nach innerer Führung zu suchen und aus der Vergangenheit zu lernen, um so weise Entscheidungen zu treffen.

Menschen, deren Richtungstotem der Grizzlybär ist, sind zumeist ausdauernd, entschlossen, sich ihren Schwächen zu stellen, und mutig genug, aus eigener Erfahrung zu lernen.

**Der Geist des Westens**
*Das Grizzlybär-Totem gilt als Symbol für Besinnung und Selbstvertrauen.*

# DAS ELEMENTTOTEM
# DER HABICHT

Wie der Habicht, der geschwind zum Himmel aufsteigt, brauchen auch Eulen-Menschen mit ihrer Abenteuerlust und Selbständigkeit die Freiheit des Ausdrucks.

Der Elementaspekt der Eule – wie auch der des Falken und des Lachses – ist Feuer. Alle drei Zeichen gehören also zur gleichen Elemente-Familie bzw. zu einem ganz bestimmten »Klan« (s. »Der Einfluß der Elemente«, S. 20–21).

## Der Habicht-Klan

Das Totem jedes Klans gibt Einblick in die wesentlichen Eigenschaften. Das Totem des Elemente-Klans Feuer ist der Habicht; er steht für eine impulsive, enthusiastische Natur mit viel Pioniergeist. Der Habicht ist schnell und scharfsichtig; er stürzt sich plötzlich auf seine Beute herab, ergreift jede Gelegenheit. Menschen dieses Klans sind lebhafte Persönlichkeiten, die gern die Führung übernehmen. Sie zeichnen sich durch einen Blick fürs Detail und intuitives Verständnis aus.

**Sprühen vor Leben**
*Der Habicht symbolisiert das Element Feuer: seine Energie und seinen Enthusiasmus.*

Diese mutigen und kreativen Individualisten lieben es, sich auf neue Wagnisse einzulassen und reißen mit ihrer Begeisterung auch andere mit. Einschränkungen, Langeweile und Routine mögen sie überhaupt nicht. Sie lassen sich oft von plötzlichen Eingebungen motivieren und brauchen ständig Anregungen und neue Herausforderungen, die ihre Phantasie beschäftigen.

**Feuer von Erde**
*Das Element Feuer nährt die Erde; das bewirkt Enthusiasmus, gemäßigt durch Beständigkeit.*

schwenden. Das kann zu Erschöpfung oder Enttäuschung führen, wenn das Erreichte nicht ihren Vorstellungen entspricht. In solchen Augenblicken oder in anderen schwierigen Situationen kann die folgende Revitalisierungs-Übung helfen: Durch deine Affinität zu Feuer reagierst du positiv auf die wärmende Energie der Sonne oder auf die frische Luft nach einem reinigenden Sturm. Such dir eine ruhige Stelle im Freien, abseits von Verkehrslärm und der Hektik des Alltags. Im Winter kann es auch ein offenes Feuer sein; schau einfach in die Flammen.

## ELEMENTPROFIL

Bei Eulen-Menschen wird der vorherrschende Elementaspekt – enthusiastisches Feuer – grundlegend durch die Eigenschaften des Grundelements – beständige Erde – beeinflußt. Wer in dieser Zeit geboren wurde, ist also zumeist kühn, idealistisch und extrovertiert; zugleich hat er die nötige Standfestigkeit, um seine Ideen und Ideale in greifbare Ergebnisse umzusetzen.

Die Leidenschaft des Feuers, kombiniert mit der Beständigkeit der Erde, verführt Eulen-Menschen aber auch dazu, sich zu überfordern und ihre Kraft zu ver-

Beim langsamen, tiefen Einatmen läßt du dich von der Kraft der Sonne bzw. des Feuers wärmen. Spür, wie mit jedem Atemzug stärkende Lebenskraft dich mit innerem Licht erfüllt, Körper, Geist und Seele mit Energie auflädt und dein ganzes Wesen erfrischt.

# STEIN-AFFINITÄT
# OBSIDIAN

MIT HILFE DES EDELSTEINS, DER MIT UNSEREM UREIGENEN WESEN IN RESONANZ STEHT, KÖNNEN WIR UNS DIE KRAFT DER ERDE ERSCHLIESSEN UND UNSERE INNEREN STÄRKEN WECKEN.

Edelsteine sind in der Erde entstandene Mineralien; dieser Prozeß verläuft äußerst langsam, aber kontinuierlich. Die Indianer schätzten diese Steine nicht nur wegen ihrer Schönheit, sondern auch weil sie buchstäblich Teil der Erde sind und so auch deren Lebenskraft in sich tragen. Für sie waren Edelsteine »lebendige« Energieleitsysteme, die auf unterschiedlichste Weise eingesetzt werden konnten – zum Heilen, zum Schutz oder zum Meditieren.

Jeder Edelstein hat eine spezifische Energie bzw. Schwingung. Auf dem Medizinrad wird jeder Geburtszeit ein Stein zugeordnet, dessen Energie in Resonanz steht mit dem Wesen der in dieser Zeit geborenen Menschen. Durch diese »Seelen-Verwandtschaft« kann der jeweilige Stein den Menschen in Harmonie mit der Erde bringen und sein inneres Gleichgewicht wiederherstellen. Er kann gute Eigenschaften verstärken und weiterentwickeln und ihm die Fähigkeiten verleihen, die er benötigt.

**Polierter Obsidian**
*Den Schwingungen des Obsidians schreibt man eine beruhigende Wirkung zu; er stabilisiert die inneren wie die äußeren Energien.*

## ENERGIERESONANZ

Eulen-Menschen haben eine Affinität zum Obsidian, einem natürlichen Gesteinsglas aus vulkanischer Lava. Meist ist der Obsidian schwarz, er kann aber auch Streifen oder Flecken aufweisen. Er kommt aus dem tiefen Erdinneren,

## DEINEN STEIN AKTIVIEREN

Der Obsidian wird unter fließendem kaltem Wasser gereinigt und sollte dann an der Luft trocknen. Danach führst du ihn mit beiden Händen zum Mund und bläst drei- bis viermal kräftig darauf, um ihn so mit deinem Atem zu durchdringen und zu prägen.

Jetzt nimmst du den Stein fest in die Hand und heißt ihn still als Freund und Helfer in deinem Leben willkommen.

Wenn du nicht weißt, welche Richtung du einschlagen solltest, um Erfüllung zu finden, kannst du mit einem Obsidian meditieren. Dazu suchst du dir ein ruhiges, ungestörtes Fleckchen, setzt dich hin und legst den Stein so vor dich, daß du ihn gut betrachten kannst. Dann konzentrierst du dich völlig auf den Stein und öffnest dich seiner Führung. Hör auf die leise Stimme deines Inneren Selbst.

eignet sich also gut zum Erden und vermittelt Stabilität und Schutz.

Obsidiane werden auch die »Tränen der Apachen« genannt. Die Frauen der Apachen vergossen viele Tränen, als ihre Männer bei Massakern ums Leben kamen; der Legende nach wurden ihre Tränen in schwarzen Stein eingebettet. Der Obsidian soll Trost spenden.

Eulen-Geborenen kann der Obsidian Zugang zu ihrer inneren Weisheit und damit zur Lösung von Problemen vermitteln.

### Die Macht des Obsidians
*Mit einem Obsidian, den du immer bei dir trägst, kannst du dich wirkungsvoll vor schädlichen Einflüssen schützen.*

»**Die Kontur des Steines ist rund; die Macht des Steines ist unendlich.**« *Lehre der Lakota-Sioux*

# BAUM-AFFINITÄT
# GEISSBLATT

Wer sich mit seinem »Seelen-Baum« verbindet, gelangt zu einem tieferen Verständnis seiner eigenen Natur und kann die in ihm schlummernden Kräfte wecken.

Bäume sind von außerordentlich großer Bedeutung für die Erhaltung der Natur und des atmosphärischen Gleichgewichts – eine wesentliche Voraussetzung für das Überleben der ganzen Menschheit.

Die Indianer bezeichneten Bäume als das »Stehende Volk«, denn sie stehen fest und sicher da und beziehen ihre Kraft aus der Verbindung mit der Erde. So lehren sie uns Menschen, wie wichtig es ist, geerdet zu sein und zugleich nach höheren Werten zu streben. Wer Bäume als lebendige Wesen achtet, kann mit ihrer Hilfe Einsicht in die Abläufe in der Natur und auch im eigenen Inneren gewinnen.

Auf dem Medizinrad wird jeder Geburtszeit ein bestimmter Baum zugeordnet, dessen Grundeigenschaften das Wesen der in dieser Zeit geborenen Menschen beeinflussen. Der »Baum« der Eulen-Menschen ist das Geißblatt. Diese kraftvolle Kletterpflanze bildet ein ganzes Labyrinth von Zweigen aus – ein Symbol für die Suche nach verborgenen Geheimnissen, die für Eulen-Geborene so verlockend sind. Mit dem berauschenden Duft seiner Blüten und den gewundenen Zweigen ist das Geißblatt eine sehr sinnliche Pflanze; die genußfreudigen Eulen

## DICH MIT DEINEM BAUM VERBINDEN

Schätze die Schönheit deines Seelen-Baumes; lerne seine Natur kennen, denn sie entspricht deiner eigenen.

Das kraftvolle Geißblatt windet sich in dichten Ranken an seiner Stütze empor und bedeckt sie schließlich ganz. Seine Blüten – manchmal weiß oder gelblich, manchmal auch rötlich getönt – werden zu Recht wegen ihres herrlichen Duftes gerühmt.

Die folgende Übung kann dir helfen, deine innere Kraft neu zu beleben. Du stehst neben deinem »Seelen-Baum«, legst die Handflächen an die Pflanze oder nimmst fest und doch sanft ein Blatt in jede Hand. Dann atmest du langsam ein und spürst, wie die Energie aus den Wurzeln durch deinen Körper strömt. Du kannst auch einen Zweig oder ein Stück Holz deines Seelen-Baumes als Totem und Helfer aufbewahren.

lieben sie. Wenn Eulen-Menschen spüren, daß sie ihre Ziele aus den Augen verlieren, können sie durch die Verbindung mit dem Geißblatt wieder einen besseren Zugang zu ihrer Kraft und inneren Stärke finden (s. Kasten oben).

### KLARES ENGAGEMENT

Eulen-Geborene sind zuversichtlich und lieben das Abenteuer, verschwenden aber auch ihre Energie, weil sie zu viele Richtungen auf einmal verfolgen. Ihre vielseitigen Interessen und ihre Abneigung gegen jede Art von Verpflichtung können sie an der tiefen Erfüllung hindern, nach der sie sich eigentlich sehnen.

So wie das widerspenstige Geißblatt am besten gedeiht, wenn es an einem Spalier emporwächst, können auch Eulen-Menschen zu Konzentrationsfähigkeit und Beharrlichkeit finden, indem sie ihre Ziele konsequent verfolgen. Die Kraft des Geißblattes kann ihre geistige Klarheit und Entschlossenheit stärken und ihnen helfen, ihre Abenteuerlust in vernünftige Bahnen zu lenken.

»*Alle Heilpflanzen werden uns von Wakan-Tanka geschenkt; deshalb sind sie heilig.*« *Lehre der Lakota-Sioux*

# FARB-AFFINITÄT
## GOLD

Wer seine positiven Eigenschaften verstärken möchte, kann mit Hilfe der »Seelen-Farbe« seinen emotionalen und mentalen Zustand günstig beeinflussen.

Jede Geburtszeit hat eine Affinität zu einer bestimmten Farbe, die am besten mit den Energien der Menschen harmoniert, die in dieser Zeit geboren werden. Diese Farbe hat einen positiven Einfluß auf die emotionale und mentale Ebene des Menschen; Farben, die nicht zur Seelen-Farbe passen, haben dagegen eher negative Auswirkungen.

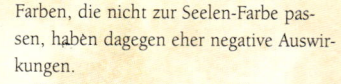

Die Farbe der Eulen-Menschen ist Gold – die Farbe des Überflusses und der Dauerhaftigkeit. Gold läßt an weltliche Reichtümer, an die Unabhängigkeit, Macht und Freiheit denken, die mit materiellem Wohlstand einhergehen. Gold verkörpert Komfort und Wohlergehen und spornt den Ehrgeiz an, Außergewöhnliches zu erreichen und sich seine Träume und Wünsche zu erfüllen. Gold weckt Wärme und

### Farbsystem
*Damit die Farb-Affinität voll zum Tragen kommt, sollte Gold als Grundfarbe bei der ganzen Einrichtung vorherrschen – von den Kissen über die Tischgedecke bis hin zu den Wänden und Böden.*

## DICH IN DEINE FARBE VERTIEFEN

Nimm drei goldfarbene Kerzen. Geh in die Mitte des Zimmers, und stell die Kerzen in Form eines Dreiecks – eines natürlichen Verstärkers – um dich herum auf.

Nun zündest du die Kerzen der Reihe nach an, so daß sie ihre Farbenergie verströmen können. Setz dich entspannt hin – das Gesicht einem der Eckpunkte des Dreiecks zugewandt. Genieße die ruhige Atmosphäre im Zimmer, und konzentriere deine ganze Aufmerksamkeit auf die Farbe. Atme langsam und rhythmisch; spür, wie das goldene Licht durch deinen ganzen Körper strömt und jede Zelle mit Energie auflädt. Laß alle Gedanken und Empfindungen zu, die hochkommen, und denk darüber nach.

Mitgefühl für andere Menschen, führt zu Erfolgsstreben, Freiheit des Geistes und des Ausdrucks und zu jeder Menge Selbstvertrauen.

### FARBWIRKUNG

Mit Goldtönen in der Wohnung können Eulen-Menschen ihre Aura und ihre positiven Eigenschaften stärken. Ein paar gut plazierte Farbtupfer machen schon einen großen Unterschied. Ein Goldmotiv auf den Vorhängen oder der Tapete kann z.B. die Atmosphäre im Zimmer verändern. Oder du probierst es mit einem Strauß Blumen in einem kräftigen Orangeton oder mit ein paar goldbesprühten Tannenzapfen in einer goldenen Vase oder Schale.

Wer sein Selbstvertrauen stärken will, sollte etwas Goldenes tragen. Bei Erschöpfung kann dir die oben beschriebene Farbmeditation helfen, emotional wieder ins Gleichgewicht zu kommen, die Kreativität anzuregen und dich einfach besser zu fühlen.

»*Der Macht des Geistes sollte Ehre erwiesen werden mit seiner Farbe.*« *Lehre der Lakota-Sioux*

# DIE ARBEIT MIT DEM MEDIZINRAD
# DER LEBENSWEG

**DAS GEBURTSPROFIL KANN ALS AUSGANGSPUNKT FÜR DIE CHARAKTERLICHE ENTWICKLUNG UND DEN WEG ZU PERSÖNLICHER ERFÜLLUNG BETRACHTET WERDEN.**

Jede der zwölf Geburtszeiten entspricht auch einem bestimmten Lernprozeß bzw. bestimmten »Lektionen«, die uns das Leben abverlangt. Wer sich auf diesen Lernprozeß einläßt, kann Stärken statt Schwächen entwickeln, in größerer Harmonie mit der Welt und den Menschen leben und zu innerem Frieden finden.

## DER LERNPROZESS DER EULE

Die erste Lektion für Eulen-Menschen besteht darin, mehr Verantwortungsbewußtsein zu entwickeln. Sie müssen ihre Angst vor Verpflichtungen und ihre Tendenz, vor Bindungen und Verantwortung davonzulaufen, überwinden. Dabei hilft die Erkenntnis, daß sie selbst – und nicht das Schicksal – über ihr Leben bestimmen; das gilt für ihre Arbeit genauso wie für ihre Beziehungen. Probleme verschwinden nicht einfach, weil man die Augen davor verschließt. Bei der nächsten schwierigen Entscheidung ist also

*»Der Weg jedes Menschen zeigt sich in seinem Herzen. Dort sieht er die ganze Wahrheit des Lebens.«* Lehre der Cheyenne

Verantwortung angesagt. Wer selbst das Ruder in die Hand nimmt, gewinnt Selbstvertrauen und auch die Achtung der anderen.

Eulen-Menschen müssen lernen, ihre Energie auf einige wenige, wohl ausgewählte Ziele auszurichten. Sie sprühen vor Leben, verteilen ihre Kräfte aber leicht auf zu viele verschiedene Ziele auf einmal. So können viele ihrer Ideen und Träume nicht vollständig verwirklicht werden. Deshalb sollten sie sich auf ein paar wenige, klar umrissene Ziele konzentrieren.

Die dritte Lektion für Eulen-Menschen heißt: sensibler mit den Gefühlen anderer Menschen umgehen. Selbst richtige Draufgänger, können sie andere durch taktlose Bemerkungen oder Verständnislosigkeit gegenüber deren Bedürfnissen manchmal verletzen. Eulen-Geborene sollten deshalb mehr Mitgefühl für ängstlichere und weniger starke Naturen entwickeln. Nicht jeder Mensch braucht Aufregung und Abenteuer.

# DIE ARBEIT MIT DEM MEDIZINRAD
# DIE MACHT DER MEDIZIN

DIE KRAFT DER ANDEREN ELF GEBURTSZEITEN SOLLTE GENUTZT
WERDEN, UM SCHWÄCHEN IN STÄRKEN ZU TRANSFORMIEREN UND
DEN HERAUSFORDERUNGEN DES LEBENS ENTGEGENZUTRETEN.

Auf dem Medizinrad ist das ganze Spektrum menschlicher Eigenschaften und Fähigkeiten repräsentiert. Die Totems und Affinitäten jeder Geburtszeit weisen auf die Grundeigenschaften der in dieser Zeit geborenen Menschen hin.

**Komplementär-Affinität**
*Der Hirsch kann seine Ideale wesentlich besser auf den Alltag übertragen als die Eule.*

Wer wissen möchte, welche seiner Persönlichkeitsaspekte gestärkt werden müßten, sollte sich zuerst mit seinem »Lernprozeß« befassen (s. S. 42–43). Danach läßt sich anhand der anderen Geburtszeiten herausfinden, welche Totems und Affinitäten bei dieser Aufgabe helfen könnten. Das Elementprofil der Eule ist Feuer von Erde (s. S. 34–35); zum Ausgleich brauchen Eulen-Geborene die Freiheit und Klarheit der Luft und die Anpassungsfähigkeit des Wassers. Das Elementprofil des Otters ist Luft von Luft, das des Wolfes Wasser von Luft; über diese Geburtstotems sollten Eulen-Geborene meditieren. Auch die Profile der beiden anderen Zeichen des gleichen Elemente-Klans können hilfreich sein – Falke und Lachs; so läßt sich herausfinden, wie der gleiche Elementaspekt unterschiedlich zum Ausdruck kommen kann.

Eine weitere Hilfe kann das gegenüberliegende Geburtstotem (Polaritätstotem) sein; es weist charakteristische Eigenschaften auf, die das eigene Totem ergänzen. Das ist die sogenannte »Komplementär-Affinität«, im Fall der Eule also der Hirsch.

# WESENTLICHE STÄRKEN

Nachfolgend werden die wesentlichen Stärken der einzelnen Geburtstotems beschrieben. Wer eine schwach ausgebildete oder in einer bestimmten Situation benötigte Eigenschaft verstärken möchte, kann über das Geburtstotem meditieren, das diesem Wesenszug entspricht. Beschaff dir etwas, was dieses Totem verkörpern kann – eine Klaue, einen Zahn, eine Feder, ein Bild oder einen Ring. Laß so die Kraft, die es symbolisiert, zu deiner eigenen werden.

**Falken-Medizin** steht für die Kraft der scharfen Beobachtung und die Fähigkeit, entschlossen und tatkräftig zu handeln, wann immer das nötig ist.

**Biber-Medizin** entspricht der Gabe des kreativen und lateralen Denkens; so lassen sich alternative Möglichkeiten entwickeln, Dinge zu betrachten oder zu tun.

**Hirsch-Medizin** zeichnet sich aus durch ein sicheres Gespür für die Absichten anderer Menschen und für alles, was dem eigenen Wohlbefinden schaden könnte.

**Specht-Medizin** beinhaltet die Fähigkeit, einen beständigen Rhythmus im Leben zu entwickeln und beharrlich das zu schützen, was einem lieb und teuer ist.

**Lachs-Medizin** steht für die Stärke, entschlossen und mutig seine Ziele auszuwählen und genug Ausdauer aufzubringen, um eine Aufgabe bis zum Ende zu verfolgen.

**Braunbär-Medizin** verkörpert große Energie und die Fähigkeit, hart zu arbeiten, in Zeiten der Not anderen ein verläßlicher Freund zu sein und aus seiner inneren Kraft zu schöpfen.

**Krähen-Medizin** entspricht der Fähigkeit, negative oder unproduktive Situationen in positive zu transformieren und Grenzen zu überschreiten.

**Schlangen-Medizin** steht für das Talent, sich veränderten Umständen leicht anpassen zu können und Übergangsphasen gut in den Griff zu bekommen.

**Eulen-Medizin** beinhaltet die Kraft, in Zeiten der Unsicherheit klar zu sehen und sein Leben konsequent nach seinen langfristigen Plänen auszurichten.

**Gans-Medizin** entspricht dem Mut, sich seine Ideale unter allen Umständen zu bewahren und sich im Leben an seine Prinzipien zu halten.

**Otter-Medizin** verkörpert die Fähigkeit, sich mit seinem Inneren Kind zu verbinden, innovative und idealistische Ansätze zu vertreten und die Routine des Alltags voll und ganz zu genießen.

**Wolf-Medizin** steht für den Mut, sich eher nach seiner Intuition und seinem Instinkt zu richten als nach seinem Intellekt und Mitgefühl für andere Menschen aufzubringen.